À ma fille Tahlia, 3 ans, et ma grand-mère Anyu, 93 ans.
Merci pour leur inspiration sans limite.
V. M.

 Imprimé au Danemark
Loi n° 49-956 du 16 juillet 1949 sur les publications destinées à la jeunesse
Dépôt légal: 3e trimestre 2004
ISBN 3 314 21751 X

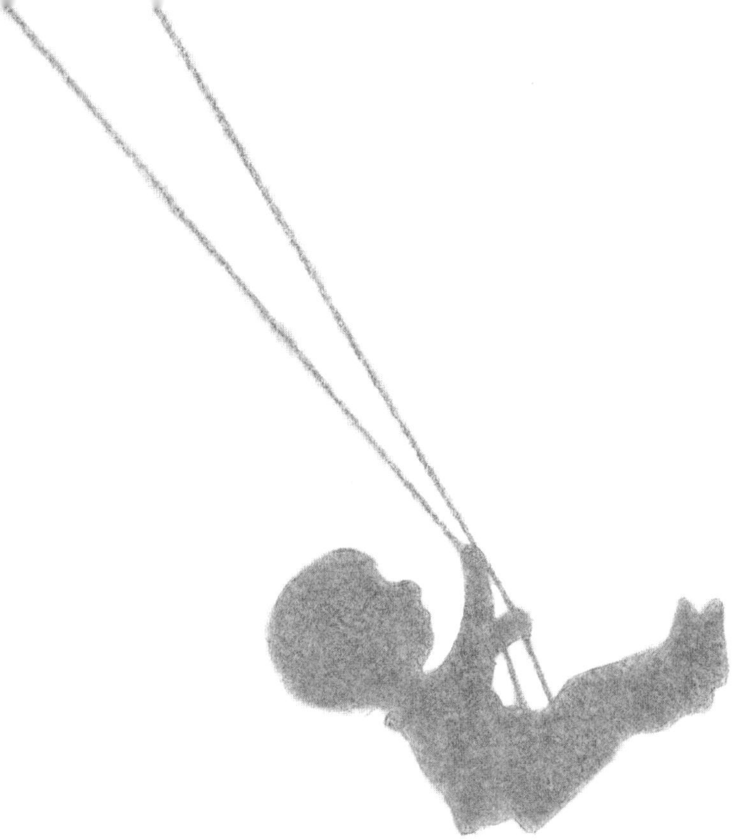

Ombre, ma seule amie...

Une histoire de Vicki Morrison
illustrée par Nora Hilb
et traduite par Géraldine Elschner

Éditions Nord-Sud

Il y a beaucoup de monde sur la plage aujourd'hui,
mais Lucas est assis tout seul, à l'écart.
Il ne connaît personne ici.

De loin, il regarde les enfants qui s'amusent.
Il aimerait tant jouer avec eux! Mais Lucas
est très timide et ne sait pas quoi leur dire.
Alors, tout triste, il reste dans son coin.

Quand plus tard, il s'en va courir le long de la mer,
Lucas remarque son ombre sur le sable mouillé.
Elle le suit partout et ne le quitte pas d'un pas.
Ça, c'est une amie! se dit Lucas. Ma meilleure amie!
Avec elle, il se met à sauter dans les vagues,
puis ensemble, ils construisent un château de sable
avec des murs si hauts que personne ne peut y entrer.
Personne... à part eux deux!

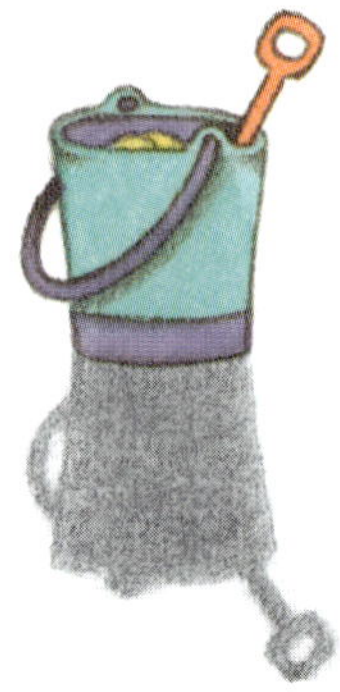

Mais une ombre, ça ne dit rien...
Comment rire et plaisanter avec elle?
«Ah, si seulement tu pouvais parler, soupire Lucas en lui tendant la main. Tu es ma seule amie, tu sais, et tu es vraiment très gentille, mais j'aimerais bien avoir quelqu'un avec qui bavarder! Il faudrait que je prenne mon courage à deux mains, mais...»
Son ombre est bien d'accord, elle hoche la tête.

Lucas et son ombre s'en vont au parc, et,
du bord de la pelouse, ils regardent les enfants
qui courent. Lucas meurt d'envie d'en faire autant,
mais il n'ose pas.
«Tiens, tu pourrais m'aider à me balancer?» demande-t-il
à son ombre.
Aussitôt son ombre l'entraîne vers les balançoires,
et à deux, ils volent haut dans le ciel, comme des oiseaux!

«Merci!» dit Lucas
en sautant de la balançoire.
«Tu peux encore me montrer
autre chose? Comment courir
sur les rochers par exemple!»
L'ombre hoche à nouveau la tête
et déjà, les voilà qui bondissent
de pierre en pierre.

Maintenant, je vais lui demander quelque chose
de plus difficile, réfléchit Lucas.
«Tu pourrais aussi m'apprendre à grimper aux arbres,
comme un singe?»
L'ombre est toujours d'accord.
L'un derrière l'autre, ils montent de branche en branche,
presque jusqu'à la cime. Et très prudemment,
l'ombre montre à son ami
comment redescendre.

Après ça, Lucas et son ombre restent assis longtemps dans l'herbe.
Personne n'a une ombre pareille, se dit Lucas, une ombre qui sait sauter, grimper et jouer comme ça!
N'empêche qu'il se sent toujours aussi seul...
«Ah, si on pouvait se parler!» dit-il en secouant la tête.
L'ombre fait de même. Elle comprend sa tristesse!

Soudain, Lucas tend l'oreille. On dirait que quelqu'un pleure tout près de lui. Se retournant, il aperçoit une petite fille au visage couvert de taches de rousseur: c'est Juliette. Elle semble être aussi timide que lui. «Mais qu'est-ce qu'il t'arrive?» demande Lucas qui en oublie sa propre peur.

«Mon chat a grimpé dans l'arbre, sanglote Juliette,
il n'arrive plus à redescendre et moi, je n'ose pas monter.»
Lucas aimerait bien l'aider, mais comment?

«Dis, on pourrait aller chercher son petit chat, murmure
Lucas à son ombre. Et si on grimpait ensemble
là-haut, comme tout à l'heure?»
L'ombre est tout de suite d'accord.

Ils atteignent la première branche, et Lucas cherche prudemment les grosses branches les plus solides. Tout affairé qu'il est, il ne remarque pas que son ombre, elle, s'allonge au pied de l'arbre.
«Viens, n'aie pas peur», dit-il au chaton en lui tendant la main. Celui-ci se réfugie dans ses bras et d'un pas sûr, ils redescendent. À cet instant seulement, Lucas réalise qu'il a grimpé là-haut tout seul!

«Merci!» s'écrie Juliette. Elle est tellement contente
qu'elle en a oublié sa timidité.
«Tu en as du courage, tu sais!»
Lucas jette un coup d'œil complice à son ombre,
et la voit tranquillement adossée à l'arbre,
tout près de celle de Juliette. Il sourit.
Elles ont l'air de bien s'entendre, toutes les deux!
Voilà qui est très bien, se dit Lucas.
Lui aussi est ravi d'avoir rencontré Juliette.

Tout en riant, Lucas et Juliette courent vers la plage.
Timides ou pas, qu'importe à présent: ils sont devenus amis. Et derrière eux, leurs ombres courent et bondissent sans les quitter d'un pas.
Ils vont en passer de bons moments, ici, tous les quatre!

Nora Hilb a également illustré pour les Éditions Nord-Sud:

C'est lui ou nous...
Le cadeau de Noël d'Émilie